LES PÈLERINS DE COMPOSTELLE

Les Voix de la sagesse

Directeur de collection :
François Icher

Connectez-vous sur : www.lamartiniere.fr

LES PÈLERINS DE COMPOSTELLE

TEXTES RECUEILLIS ET PRÉSENTÉS
PAR DENIS BOULBÈS

Éditions
de La Martinière

Par milliers les pèlerins marchent vers la pointe de l'Occident, la *Finis Terrae*, vers Santiago-de-Compostela, comme l'ont fait des millions de pèlerins avant eux, sur des chemins de peines, d'espoirs et de foi.

L'Étoile les guide, celle qui selon la légende indiqua le champ dans lequel aurait été découvert le corps de Jacques le Majeur, un des premiers fidèles de Jésus, décapité en 44 à Jérusalem, après l'échouage miraculeux de la barque portant son cercueil à Padron, sur la côte atlantique voisine. Là, sur ce *campus stellae*, à partir de l'existence attestée d'un sarcophage romain, et dans des circonstances enveloppées d'obscurité, eut lieu entre 818 et 838 l'invention de saint Jacques. Un tombeau puis une cathédrale lui furent édifiés, auprès desquels une ville se fonda, et peu à peu la rumeur des miracles que dispensait la relique mythique se répandit dans toute l'Europe.

Quatre principaux chemins, en France, drainent les marcheurs de Dieu venus de toute l'Europe – voire du monde entier. Avant d'entrer en Espagne, trois franchissent le col de Roncevaux à Saint-Jean-Pied-de-Port : la *via turonensis* (Tours, Blois, Bordeaux), la *via lemovicensis* (Vézelay, Périgueux, Mont-de-Marsan), la *via podiensis* (le Puy-en-Velay – qui était aussi un haut lieu de pèlerinage à la Vierge –, Conques, Moissac), et un, le col du Somport : la *via tolosana*, à l'origine le plus fréquenté, et faisant suite à la *via francigena* partant de Rome (Arles, Toulouse). Tous s'unissent enfin à Puente-la-Reina, pour n'en former plus qu'un, *el camino francés*, le chemin français ainsi nommé parce qu'emprunté essentiellement, autrefois, par des Français.

Voici le pèlerin du Moyen Âge au départ, ayant mis en ordre ses affaires et reçu la bénédiction, vêtu de la grande cape et portant ses attributs : le bourdon, la besace, la calebasse qui sera sa gourde, son écuelle ou sa panetière dans laquelle il recevra sa nourriture, et enfin son chapeau (ou pétase) orné de la coquille.

Voici son compagnon contemporain, certes vêtu et équipé en toute liberté, mais ne manquant jamais d'accrocher une coquille à son habit ou sur son sac à dos.

La coquille, recueillie sur la grève de Padrón, prouvait l'accomplissement du pèlerinage. La coquille née de la mer, image convexe d'un soleil couchant, image concave d'un soleil levant, toujours offerte comme une main tendue, est devenue le symbole même de ce pèlerinage.

Pourquoi chacun se met-il en chemin ?

Par dévotion ou pénitence, en cherchant son salut par une ascèse personnelle, puisque c'est à travers les dangers et les fatigues de la route que se réalise l'idéal de purification. À la suite d'un vœu, relatif par exemple à sa santé, à ses affections ou à sa fortune, soit qu'il remercie saint Jacques d'une heureuse conclusion de ses souhaits, soit qu'il espère en un miracle qui les exaucera. En guise de pénitence imposée par l'Église, ou par un tribunal pénal. Pour le gain des indulgences et des rémissions de peines attachées à la visite de ce lieu saint...

Et pour le seul bonheur de l'aventure et de la marche, une marche qui, épousant celle de la lumière disparaissant chaque soir à l'ouest pour réapparaître chaque matin à l'est, s'inscrira pour lui dans le cycle cosmique de la mort et de la renaissance.

Le pèlerinage à Compostelle, à pied, s'augmente ainsi d'une dimension plus large que celle d'une intercession et d'une prière pour les seuls croyants, et se transforme, pour quiconque l'accomplit, en une épreuve à valeur initiatique – et peut-être en un pas sur un chemin de Sagesse.

Denis Boulbès

Sursum, perge,
vade ante,
suseia,
ultreia.

Lève-toi, marche,
va de l'avant,
plus haut,
plus loin.

(Codex calixtinus)

ato eps trecensis.
s plaudat leta hac indie qua
let sine meta iacobus in gloria. Angelorum
n herodes decollavit et idcirco coronavit illum xps
vit in celesti patria. Anglorum. Cuius corpus tumulatur
ultis visitatur et per illud eis datur salus in gallecia.
lorum. Ergo festum celebrantes eius melos decantantes
lees laudes domino. Anglorum; Magister albertus parisiensis.
catholici letentur cives celici die is
Clerus pulcris carminibus studeat atque
cantibus. Di. Hec est dies laudabilis di
vina luce nobilis. Di. Qua iacobus pala
ta. cia ascendit ad celestia. Di. Vincens
pte vite bravium. Di. Ergo caventi termino be
Di. Magno patri familias solvamus laudis gra
ta.

Eultreïa !
E suseïa !
Deus aïa nos !

Et outre !
Et sus !
Dieu nous aide !

(Cri des pèlerins, XIe siècle)

Avant que je m'en aille
Il faut penser à moi
Je romprai la muraille
Qui me retient en moi
C'est le temps de l'offense
Où je suis enfermé
Tant que par pénitence
Sois en bien informé

Ruminant mon voyage
Ce qu'il contient en soi
J'aurai en ce passage
L'arme de vive foi
Le bâton d'espérance
Ferré de charité
Revêtu de constance
D'amour et chasteté.

(La Chanson du devoir des pèlerins,
XVIIIe siècle)

Les trois sections du pèlerinage, l'aller, l'arrivée et le retour

La première
signifie l'estat
de ceux qui
commencent
la voye et les vertus
de purgation.

La seconde
l'estat de ceux
qui sont jà advancez,
la voye et les vertus
de lumière.

La troisième
l'estat des parfaicts
et la voye d'union,
et les vertus
exemplaires
qui par semblance
et amitié
nous tiennent
toujours conjoints
estroitement
avec Dieu.

(Père Louis Richeome,
1604)

Elle

(une dame)
a souri devant
mon insistance à tout
vouloir comprendre,
à tout vouloir savoir
tout de suite.
« Ce pèlerinage long
de deux mois vous
changera, dit-elle.
Il vous apprendra
la patience. C'est une
promenade fort difficile
mais très initiatique... »
Elle ajouta qu'à l'époque
pré-chrétienne
« cette quête idéaliste
suivait déjà l'étoile...
pour trouver la lumière ».

(Michel Gardère, 1993)

... C'est en tant que compagnon
charpentier que je prendrai le chemin,
pour clore symboliquement le voyage ouvert
par mon tour de France. Comme vous
le savez, le compagnonnage représente
un parcours initiatique de l'existence et
de la connaissance. Compostelle
y est inclus. Pour moi, cela veut dire
qu'en me rendant là-bas je bouclerai
une boucle. C'est une sorte d'aboutissement,
un retour sur soi, une occasion
de faire le bilan...
Il y a donc un aspect religieux
dans ma démarche, mais aussi, comme
nous sommes des bâtisseurs, il y a le côté
recherche qu'ont pu faire nos anciens,
et également le désir d'aller au fond
de soi-même, qui en fait termine
notre vie initiatique.
Notre vie de compagnon, quoi...

(Angevin-va-de-bon-cœur, compagnon charpentier, 2001)

C'est un cadeau royal que la vie a pu m'offrir, une aventure millénaire à laquelle il m'a été donné de participer : le pèlerinage vers Saint-Jacques-de-Compostelle, un long périple qui m'a menée en soixante-trois étapes du Puy-en-Velay à Santiago...

Le pèlerin vient de prendre le départ...
Il n'est plus M. Untel, habitant telle localité et exerçant une profession respectable.
Il n'est plus rien d'autre qu'un homme en partance, en marche vers un but encore lointain.
Il n'a plus d'autre condition que celle de pèlerin...

... on peut voir le soi à l'œuvre dans cet appel intime qui anime le pèlerin, dans cet inexplicable besoin de prendre la route en direction de l'ouest, pour rejoindre ce *Finis Terrae* de l'Europe symbolisé par la ville de Santiago. Pour favoriser l'accession de l'individu à la totalité de son être, pour qu'il puisse vivre de nouvelles expériences, le soi active chez le voyageur l'envie de rejoindre un lieu sacré.

(Anne de Sybourg, 2001)

seut dependu,
leur seut rendu
Le Pere & Mere requerant,
Que l'on depende leur enfant.

Chemin de rêve, d'espoir, de joie et lumière,
Conduisez-moi aux portes de l'immensité.
Que le monde soit un grand chemin sans frontière
Plein d'amour, de sagesse et de fraternité.

(Flavie Cottevielle, 1990)

Le pèlerinage
aujourd'hui, c'est l'espérance
qui nous fait chausser nos
Pataugas. Toute approche
a l'exigence d'un regard.
L'attente devient notre
complice. L'énigme de
la Présence. L'isolement,
l'angoisse, la solitude
se transforment pendant
l'approche.

(François Perche, 1980)

Caminante no hay camino
Se hace camino al andar.

Ces vers d'Antonio Machado m'accompagnent.
Je les ai gravés sur mon bâton de marche.
Le cheminement de la pensée, lui, reste totalement ouvert. Liberté de rêver, liberté d'imaginer. Liberté de construire... Pas de grandes méditations bien structurées, mais plutôt une activité intellectuelle qui coule comme une source et se fait un chemin juste au-devant d'elle.
Et je sais que mon chemin ne s'arrête pas là !

(Jean-Jacques Courtial, 1er août 2003)

Le chemin de Saint-Jacques
est étroit comme celui du Salut...
Un pèlerinage authentique,
c'est le rejet des vices,
la mortification des corps,
l'augmentation des vertus.

(Bone de Pise, pèlerine adolescente,
début du XIIe siècle)

Sur les chemins de Saint-Jacques
J'ai plus de savoirs que si j'avais mille ans
Et j'ai plus de projets pour encore mille ans.
Répondant à l'appel qui vient de l'Occident,
Ils suivent le chemin lancé au firmament.

(Texte gravé sous une statue
de pèlerins)

Le soleil se lève sur l'immense plateau castillan. Peu à peu, déchirant la fraîcheur de la nuit, ses rayons illuminent l'infinité blonde des chaumes. Une chaude lumière recouvre la terre. La nature prend vie sous cette douce caresse. Chaque pierre, chaque grain de poussière qui s'envole sous nos pas, chaque herbe se transforment en autant d'hymnes de

gloire au créateur de ces beautés...
Perdu, sac au dos, dans ces immensités, la nature m'a ouvert le grand livre de la Genèse. Ce beau et simple lever de soleil, rythmé par le doux balancement de la marche, m'en a expliqué une des plus belles pages.

(Didier Rigotard, 21 août 1989)

Ce qui fait surtout la difficulté de ce dix-huitième jour consécutif de marche, c'est ce qui se passe dans ma tête et dans mon âme, qui s'y martèle jour après jour… qui y fouine à la recherche de l'être réel tapi profondément dans sa bulle, sous les multiples couches de nombreuses illusions perdues au fil de mes expériences conscientes de vie, chacune ayant laissé une cicatrice indélébile et durcie par le temps.

(Dominique Mascolo, mars 2002)

No camiño de Castilla
Moito pican as areas,
Picaran a meu hirman
Qu'anda por terras alleas.

Sur le chemin de Castille
Les sables brûlent fortement,
Ils brûleront mon frère
Qui marche en terres lointaines.

(Chant galicien)

Seul je suis né, seul je marche, seul je mourrai. Ma solitude contient le monde et le monde la contient. Grand saint Jacques, dont la grande

ombre me tend les bras, serai-je éternellement un enfant perdu ?

(Arnaud Béranger, 5 juillet 2003)

Nous sommes tout petits, écrasés, laminés, balayés... L'épreuve dilapide notre foi comme on émiette une tranche de pain aux oiseaux.
Nous voilà à notre vraie dimension, ô si peu fiers et déjà effleurés par l'idée d'arrêter...

Pourtant, nous irons jusqu'au bout, une fois encore, poussés par quelque chose d'irrésistible et vraisemblablement bardés d'une foi véritable, mus par une énergie insoupçonnée.

(Gilbert Mosser, 1991)

Nous sommes beaucoup trop nombreux, sans compter la croissance folle et purement touristique, à venir chercher « quelque chose » sur ce sacré chemin, pour oser prétendre qu'il n'y aurait rien. Ce ne peut être que fou ou faux. Mais entre chercher et trouver,

il y aura toujours cet espace-temps angoissant, cette excitation intellectuelle du « trouvera-trouvera pas » avec toutes ses errances et dérapages, coupables ou non.

(Père Aigrino, 2002)

Passager sur le fleuve tourmenté de ma vie, mon destin m'emporte vers le champ de l'Étoile ; j'y ressens ma puissance et ma nudité, mon possible et mon néant.
Frères pèlerins, *compañeros,* compagnons avec qui je partage le pain de vie, que nos pas portent la paix autour de la terre.

(Signature illisible, relevé le 8 mai 2003)

Râpés aux pierres des chemins,
déchirés aux ronces, délavés au soleil
et aux pluies, mes habits se sont défaits
par lambeaux. J'ai posé le masque
et abandonné les armes.
J'ai vu le jour se lever.
Montjoie !
L'esprit peut vaincre la matière.

(Catherine Guérin, 22 septembre 1989)

C'est par la route de Provence que je suis allée voir messire Santiago chez lui.

Ni bourdon, ni robe de bure, ni délire de pénitence. Sans doute un désir ancestral qui voulait se réaliser...

Or, cet amour de la beauté parfaite, cette forme de Dieu, que je portai de Provence en Galice, mêlé à tant de contingences, c'est bien lui que j'ai reconnu dans le marbre, l'or et la pierre, partout sur le chemin sacré, ici debout et là jeté à terre, plus pathétique alors et plus divin peut-être dans cette humanité blessée, avec sa patine de foi séculaire.

(Marie Mauron, 1957)

J'étais pèlerine comme on est élève à la maternelle. Je suis partie à Compostelle pour me mettre à l'école de Dieu, et j'ai découvert que c'était l'école de l'amour. J'avais vingt ans, j'étais seule, je partais pour ne plus revenir. Je n'avais pas d'argent. À la fin, j'ai dû mendier. C'était volontaire. Il m'a fallu traverser la mer Rouge. C'est le nom que je donne au chemin que j'ai fait au retour, de Santiago au monastère. Santiago était une porte, un passage pour aller du connu à l'inconnu, d'une vie que je voulais construire à la vie que Dieu voulait construire pour moi.

(Sœur Marie-Dominique, 2001)

C'est sans doute cela pour moi, la leçon du Chemin : il est une métaphore de la Vie et m'a appris que, si on l'aborde avec confiance (le Chemin, la Vie), celle-ci se trouve confirmée, justifiée, et il ne vient que du bon, des cadeaux. Et plus cette confiance grandit, plus on lâche prise, plus les cadeaux sont beaux et surprenants. Voilà ma leçon du Chemin.

(Monique Villac,
5 août 2003)

Santiago ! Le chemin m'a portée deux mois durant, il m'a transportée comme sur le flux d'une énergie rayonnante selon l'ordre de la marche du soleil. Jamais auparavant, jamais depuis, sur nul autre chemin, je n'ai été aussi sereine de corps et d'esprit.

Sur cette voie royale de la plénitude, j'ai traversé la pulsation pacifique de la terre et renoué mon destin aux racines mêmes de mes espérances.

(Lisa Boulbès, 21 août 1983)

... Pour Nicolas Flamel, le pèlerinage à Saint-Jacques-de-Compostelle était la description symbolique de la transmutation qui s'accomplit chez l'adepte [de l'alchimie], au fur et à mesure qu'il perçoit, d'une perception « sacramentelle », les métamorphoses de la matière de l'œuvre. Dès lors, ce n'est plus à l'horizon géographique qu'est située la ville du pèlerinage ; elle est dans la personne même du sujet qui accomplit nuit et jour le voyage symbolique. Et c'est un accomplissement, c'est la naissance et la croissance d'un être tout nouveau en lui.

(Henri Corbin
et Robert de Chateaubriand, 1978)

L'essentiel, vous ne savez pas le dire. Parfois, immobile dans votre lit, les yeux grands ouverts sur la nuit, il vous semble encore marcher... À ces moments-là, quand le chemin vous reprend dans sa houle, quelque chose vous étreint le cœur. Vous étiez parti pour le sanctuaire de M. saint Jacques prendre date, d'une façon ou d'une autre, pour le jour du Pèsement des âmes. Vous avez parcouru ce chemin sans âge... et c'est alors, une fois ou l'autre, qu'il vous est arrivé d'éprouver, tout au fond de votre belle fatigue, fugitivement, inexprimablement, ce qu'il peut y avoir de plus qu'humain dans la condition de l'homme.

(Pierre Barret et Jean-Noël Gurgand, 1978)

Au niveau spirituel,
je ne saurais pas dire ce que
le voyage [à Compostelle]
m'a apporté. Bizarrement,
c'est au niveau sensuel
que cela m'a le plus marquée.
La disponibilité aux odeurs
de la terre, au ciel, aux couleurs,
aux gens, aux oiseaux comme
aux insectes, disponible, oui,
ce que je n'étais pas forcément
avant. Ce que je ne savais
peut-être pas.

(Marie E., 2001)

Une autre ascèse est la marche, la marche « à son pas », au travers de la nature, par les bois et les landes, les montagnes et les gués. Il arrive un moment, quand la fatigue est dépassée, où le rythme de l'homme s'intègre au rythme de la nature, de la terre, du ciel, où il se trouve en accord avec ces rythmes généraux, où ils le pénètrent, où il les pénètre. Il entre en état de réceptivité. Il devient un autre homme, il est en état de grâce.

(Louis Charpentier, 1971)

Marcher, vains dieux de misère, c'est le secret révélateur !... On ne peut pas asservir l'homme qui marche !

(Henri Vincenot, 1982)

Ô Dieu,
qui avez fait partir Abraham de son pays et l'avez gardé sain et sauf à travers ses voyages, accordez à vos enfants la même protection. Soutenez-nous dans les dangers et allégez nos marches. Soyez-nous une ombre contre le soleil, un manteau contre la pluie et le froid. Portez-nous dans nos fatigues et défendez-nous contre tout péril. Soyez le bâton qui évite les chutes et le port qui accueille les naufragés, afin que, guidés par Vous, nous atteignions avec certitude notre but et revenions sains et saufs à la maison.

(Ancienne prière des pèlerins avant le départ)

Avec les premières ampoules aux pieds, tu deviens agressif. Et tu décharges tout cela sur qui ? Sur ton voisin de marche. Sur la route, les convenances disparaissent. On se retrouve à nu, face à soi et face aux autres. C'est l'occasion de se pardonner. Voilà pourquoi, entre autres, nous avons appelé ce pèlerinage : Voie de la miséricorde.

(Catherine, 1983)

Puisque le monde je quitte
Pour vivre au Ciel heureusement,
Il faut que Jésus j'imite
La Vierge et saint Jacques le Grand.

Adieu mon père, adieu ma mère,
Adieu mes amis et parents,
Je vous quitte sans plus attendre
Je vais à Saint-Jacques le Grand.

Je donne toutes mes richesses
Aux pauvres présentement
Afin qu'un jour avec liesse
Nous ayons part au firmament.

(*Chant des pèlerins de Saint-Jacques-de-Compostelle,* XVIIe *et* XVIIIe *siècles*)

Nous fûmes obligés de coucher sous un olivier et cette nuit il fit une grande gelée ; nous nous mettions les uns sur les autres pour chasser le froid. Le matin, nous étions gelés. Il était près de dix heures que je n'avais pu ouvrir la bouche pour parler...
Je me rappelai pour lors le lit que j'avais laissé chez mon père, et, faisant en même temps réflexion de ma vocation, je dis qu'il fallait souffrir pour arriver au but où il me semblait que Dieu m'appelait, et que ces souffrances n'étaient que pour m'éprouver davantage et pour les fautes de ma jeunesse.

(Jean Bonnecaze)

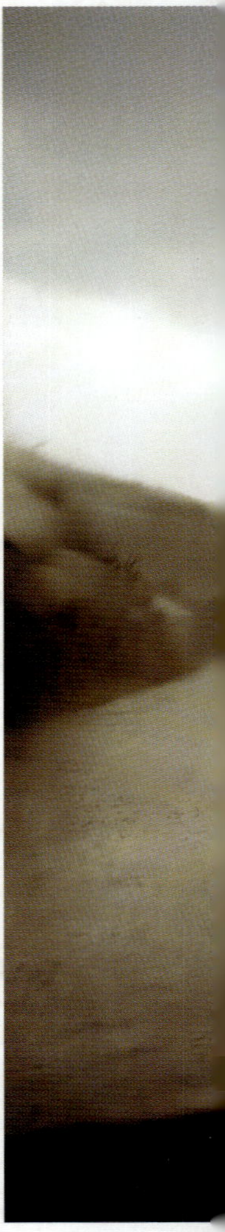

Sources des citations

p. 8 : *Codex calixtinus,* livre I, chap. 26. www.saint-jacques.info

p. 11 : cri des pèlerins, chansons populaires germaniques reprises et répandues par les jacquaires depuis le XIe siècle, *in* Barret et Gurgand, *Priez pour nous à Compostelle,* Le Livre de Poche, 1980.

p. 12 : *La Chanson du devoir des pèlerins* (couplets 3 et 4). Littérature de colportage, XVIIIe siècle *in* Benassar, Bartolomé, *Saint-Jacques-de-Compostelle,* Julliard, 1970

pp. 14-15 : Père Louis Richeome, « Le pèlerin de Lorette », Bordeaux, 1604 *in* Dupront, Alphonse, *Saint-Jacques-de-Compostelle,* Brépols, 1985.

p. 17 : Gardère, Michel, *Ultreïa ! Le Printemps des pierres,* Loubatières, 1993.

p. 18 : Angevin-va-de-bon-cœur, compagnon, *in* Bourles, Jean-Claude, *Passants de Compostelle,* Payot & Rivages, 2001.

p. 20 : Sybourg, Anne de, « Tais-toi et marche... », *Pèlerinages. Cahiers de psychologie analytique,* vol. 11/2001, Georg éditeur, Genève, 2001.

p. 23 : Cottevielle, Flavie, *Un chemin, une histoire,* recueil de textes, FFRP-Gaz de France-*Le Point* (sans date, vers 1990).

p. 24 : Perche, F., *Sur les routes des pèlerinages en France,* Fayard, 1980.

p. 27 : Jean-Jacques Courtial, témoignage par courrier, 1er août 2003, Alairac (Aude).

p. 29 : Bone de Pise, pèlerine adolescente, début du XIIe siècle, *Vie. Acta Sanctorum,* 7 mai, Anvers, 1687, citée par Dupront, Alphonse, *Saint-Jacques-de-Compostelle,* Brépols, 1985.

p. 30 : Les randonneurs. Texte gravé sur métal, sous une statue de pèlerins, au hameau de Brocas, à Montaut (Landes), relevé en juillet 2003.

pp. 32-33 : Didier Rigotard, lundi 21 août 1989. Rigotard Didier et Élisabeth, *Pèlerinage à Saint-Jacques-de-Compostelle,* Lacour, 1991.

p. 35 : Dominique Mascolo, mars 2002. Association québécoise des pèlerins et amis du chemin de Saint-Jacques. www.duquebecacompostelle.org

pp. 36-37 : Chant galicien. Corthis, André, *Pèlerinages en Espagne,* Fasquelle, 1930.

pp. 38-39 : Arnaud Béranger, 5 juillet 2003. Témoignage par courriel (entreaetz@aol.com).

pp. 40-41 : Mosser, Gilbert et Strickler, Albert, *Lettres sur le chemin de Compostelle,* auto-édition, imprimé par Agecom à Sélestat (Bas-Rhin) le 20 octobre 1991.

pp. 42-43 : Père Aigrino, *Un Ariégeois : impénitent de grands chemins,* Lacour, 2002.

p. 46 : signature illisible, relevé le 8 mai 2003. Registre du gîte de Fuenterroble-de-Salvatierra, Via de la Plata (Espagne).

p. 47 : Catherine Guérin, Clermont-Ferrand, *Journal,* 22 septembre 1989 (carnet et archives familiales). Témoignage par courrier, 27 juin 2003.

p. 48 : Mauron, Marie, *Vers Saint-Jacques-de-Compostelle. Sur les routes de soleil avec les pèlerins de tous les temps,* Le Livre Contemporain, 1957.

p. 50 : Sœur Marie-Dominique, citée par Bourles, Jean-Claude, *Passants de Compostelle,* Payot & Rivages, 2001.

p. 53 : Monique Villac, Montolieu (Aude), 5 août 2003. Témoignage par courriel (mvillac@free.fr).

pp. 54-55 : Lisa Boulbes, Carcassonne (Aude). Notes personnelles, *Santiago de Compostela,* 21 août 1983.

p. 56 : Corbin, Henri et Chateaubriand, Robert de, « Les Pèlerins de l'Orient et les vagabonds de l'Occident », *Cahiers de l'Université Saint- Jean-de-Jérusalem,* n° 4, Berg International, 1978.

p. 59 : Barret, Pierre et Gurgand, Jean-Noël, *Priez pour nous à Compostelle,* Le Livre de Poche, 1980.

p. 60 : Marie E., citée par Bourles, Jean-Claude, *Passants de Compostelle,* Payot & Rivages, 2001.

p. 63 : Charpentier, Louis, *Les Jacques et le mystère de Compostelle,* Robert Laffont, 1971.

p. 65 : Vincenot, Henri, *Les Étoiles de Compostelle,* Denoël, 1982.

p. 66 : Oursel, Raymond, *Les Pèlerins du Moyen Âge,* Fayard 1963.

p. 69 : Catherine, citée par Lechon, René, « Tous les chemins mènent à Compostelle », *Le Monde Dimanche,* 21 août 1983.

p. 70 : *Chant des pèlerins de Saint-Jacques-de-Compostelle,* XVIIe et XVIIIe siècles. Formation orchestrale et chorale du lycée Jeanne-d'Arc, Bayeux. Dir. : G. Legoupil. Disque 45 tours n° 82101 enregistré en 1982 sous les auspices de la délégation artistique de la Ville de Paris et du Centre européen d'études compostellanes.

p. 72 : Bonnecaze, J., « Autobiographie », *Études historiques et religieuses du diocèse de Bayonne,* tome V, 1896.

Pour en savoir plus

Une multitude de guides, partiels ou complets, présentent les chemins du pèlerinage à Saint-Jacques-de-Compostelle. Les plus exacts historiquement et les plus exhaustifs :

VIELLIARD, Jeanne : *Le Guide du pèlerin de Saint-Jacques-de-Compostelle* – Texte latin du XIIe siècle, Vrin, 1990.

BERNES, Georges (Abbé) : son célèbre *Guide pratique du Pèlerin en Espagne* ; diverses éditions et révisions depuis 1959, en 1973, 1976, 1979 (avec BRYNAERT, René, publié par Les amis de Saint-Jacques-de-Compostelle), 1989 (avec VERON, Georges, publié par Randonnées Pyrénéennes – Fédération française de Randonnée pédestre), 1999 (Rando Éditions).

OURSEL, Raymond, en collaboration avec NESMY, Claude-Jean : *Les Chemins de Compostelle,* Zodiaque, 1989.

HUCHET, Patrick et BOËLLE, Yvon : *Sur les chemins de Compostelle,* Ouest-France, 1999.

Le pèlerinage compostellan a suscité quantité d'études ; on peut citer parmi les plus complètes et les mieux documentées :

BARRET, Pierre et GURGAND, Jean-Noël : *Priez pour nous à Compostelle,* Hachette, 1978 ; Le Livre de poche, 1980.

DUPRONT, Alphonse : *Saint-Jacques-de-Compostelle – Puissances du pèlerinage,* Brépols, 1985.

BARRAL I ALTET, Xavier : *Compostelle le grand chemin*, Gallimard, collection Découvertes, 1993.

LA COSTE-MESSELIERE, René de : *Sur les chemins de Saint-Jacques,* Perrin, 1993.

BOURLES, Jean-Claude : *Passants de Compostelle,* Payot & Rivages 1999/édition de poche, 2001.

Discographie

Voyages à Compostelle, musique médiévale et Renaissance, New London Consort, Philipp Picket (CD) DECCA 466 497-2.

Musiques du Codex Calixtinus (microsillon) Ensemble Sequentia Vox Iberica I RD 77/99.

Chants des pèlerins de Saint-Jacques-de-Compostelle XVIIe et XVIIIe siècles, Monodies et polyphonies extraites du Codex Calixtinus (microsillon), Ensemble Venance Fortunat M.P.O., 1985.

Filmographie

Le document et le film de référence : *Chemin de Compostelle,* chanoine Branthomme, 1951, Archives du Centre d'études compostellanes.

La Voie lactée, Luis Buñuel, 1969.

Contacts

La source incontournable depuis un demi-siècle est la Société française des Amis de Saint-Jacques-de-Compostelle (qui abrite le Centre d'Études compostellanes) : 8, rue des Canettes, 75006 Paris - BP 14 75261 Paris Cedex 06 - tél.-fax 01 43 54 32 90. www.compostelle.asso.fr

On trouvera également pour chaque région une association des Amis de Saint-Jacques-de-Compostelle : www.amis-saint-jacques-de-compostelle.asso.fr

D'innombrables sites Internet sont disponibles, d'intérêt et de qualité très variables, mais toute recherche dans cet univers pourra être fructueuse.

CRÉDITS PHOTOGRAPHIQUES

Couverture : Saint Jacques, Ms. 507, f. 163. © Bibliothèque Mazarine Paris. 3 : Cartes des routes vers Saint-Jacques-de-Compostelle, 1648. © Archives Charmet/Bridgeman Giraudon. 4 : Pèlerinage à Saint-Jacques-de-Compostelle. © Navia/Vu. 9 : Chant des pèlerins de Compostelle, Codex Calixtinus, XIIe s. © Gianni Dagli Orti/Corbis. 10 : Pèlerin, église Notre-Dame, Avy-en-Pons, XIVe s. © AKG Paris. 13 : Cathédrale Notre-Dame, Évreux, XIXe s. © AKG Paris. 14-15 : Ms Latin 1156 B, f. 25, Maître de Marguerite d'Orléans, XVe s. © Bibliothèque nationale de France. 16-17 : Le Pèlerin restauré, Albert Henry Payne, 1850. © AKG Paris. 19 : L'Atelier du charpentier à Nazareth, école américaine, XVIIIe s. © Bridgeman Giraudon. 21 : Saint Jacques de Compostelle, XIXe s. © Bridgeman Giraudon. 22 : Chemin dans les arbres, Maurice Denis, 1891. © G. Blot, C. Jean/RMN/ADAGP Paris 2004. 25 : Cebreiro sur la route de Saint-Jacques-de-Compostelle. © Jean Gaumy/Magnum Photos. 26 : Saint Jacques, Ms. Français 10, f. 585 v., Guiard des Moulins, XVe s. © Bibliothèque nationale de France. 28 : Saint-Jacques-de-Compostelle, 2001. © Flora Mérillon. 30-31 : Pèlerins devant la statue de saint Jacques, Maître François, XVe s. © R. G. Ojeda/RMN. 32-33 : Galice, sur le chemin de Saint-Jacques-de-Compostelle, détail. © Peter Marlow/Magnum Photos. 34-35 : Saint-Jacques-de-Compostelle, 1998. © Peter Marlow/Magnum Photos. 36-37 : Sculpture d'un pèlerin près de Cebreiro. © Harry Gruyaert/Magnum Photos. 38-39 : Entre Cruz de Ferro et Pontferrada. © François Le Diascorn/Rapho. 40-41 : " Comment Gargantua mangea en salade six pèlerins ", Gustave Doré, 1873. © AKG Paris. 42-43 : Procession des pèlerins à Saint-Jacques-de-Compostelle. © Photos 12.com – Hachedé. 44-45 : Saint-Jacques-de-Compostelle, 1998. © Peter Marlow/Magnum Photos. 46-47 : Saint-Jacques-de-Compostelle, 1998. © Peter Marlow/Magnum Photos. 48-49 : Saint-Jacques-de-Compostelle. © Carl de Keyzer/Magnum Photos. 51 : © Navia/Vu. 52-53 : Le Théâtre de la vie, Maria-Elena Vieira da Silva, 1973. © Photo Cnac/Mnam, dist. RMN/ADAGP Paris 2004. 55 : Département du Rhône. © Raymond Depardon/Magnum Photos. 57 : Le Marcheur, Patrick Tosani, 1954. © Photo Cnac/Mnam, dist. RMN/ADAGP Paris 2004. 58 : Saint-Jacques-de-Compostelle, 2001. © Flora Mérillon. 61 : Femme en buste étudiant une ombrelle, Eugène Samuel Grasset, 1894. © P. Schmidt/RMN. 62 : Saint Roch, anonyme. © J.G. Berizzi/RMN. 64-65 : Pèlerin sur la route de Saint-Jacques-de-Compostelle, 1992. © Goupy Didier/Corbis Sygma. 67 : Les Pèlerins, détail, Jan van Eyck, 1432. © AKG Paris. 68-69 : Chemin de Saint-Jacques-de-Compostelle. © François Le Diascorn/Rapho. 70-71 : La cathédrale de Saint-Jacques-de-Compostelle, 2003. © Peter Marlow/Magnum Photos. 73 : Mauvais temps à Cebreiro, Galice, 1998. © Peter Marlow/Magnum Photos. 76-77 : Un évêque suivi de deux rois montre une relique à des pèlerins, Ms. Royal 16, G. VI, fol. 161, vers 1325-1350. © British Library/AKG Paris.

Graphisme : Elisabeth Ferté

Recherche iconographique : Flora Mérillon
Mise en page : Premier Chapitre

Achevé d'imprimer
sur les presses de l'imprimerie I.M.E.
à Baume-les-Dames (25).
Imprimé en France.
Dépôt légal : mars 2004
ISBN : 2-7324-3081-1